AF226361

AU PEUPLE ET A LA BOURGEOISIE.

DES

ÉLECTIONS.

Imp. de Mme DE LACOMBE, 12, rue d'Enghien.

DES

ÉLECTIONS,

PAR LES CITOYENS

BRUCKER ET GRATIEN.

Prix : 15 centimés.

PARIS.

DÉPOT CHEZ LE CITOYEN DUCHESNE,

40, FAUBOURG POISSONNIÈRE.

1848

AU PEUPLE!

Dans peu de temps les élections! Peuple, c'est pour toi le moment suprême! Au nom de la paix, du bonheur commun, interroge ta conscience. Tu es appelé, pour la première fois, au suffrage universel. Rappelle-toi que les conséquences de la Révolution doivent être l'extinction de la misère, la réhabilitation du travailleur, que tes mandataires auront une tâche immense à remplir.

En ce moment, tu es maître de l'avenir, autant qu'un peuple peut l'être. Ton sort est dans tes mains, garde-toi de le laisser échapper; pour vaincre tes ennemis, pour accomplir la plus légitime des Révolutions, tu as montré le courage du soldat, pour la consolider, il te faut le courage civique. Maintenant, examinons quelles sont les conditions à remplir pour mériter le titre de citoyen, c'est-à-dire pour faire preuve de courage civique.

Il faut non-seulement ne pas perdre une seule voix le jour des élections générales, mais encore s'éclairer au préalable sur les titres des candidats aspirant aux suffrages de tous les citoyens. Et quels sont les moyens de s'éclairer sur une aussi grave question?

Les voici : se réunir sur tous les points de la France en assemblées populaires ou clubs; et là, discuter sans interruption les titres des candidats à la confiance publique, leurs antécédants, et surtout la position qu'ils occupaient sous l'ancien régime. Il est bien entendu que ceux à qui Louis-Philippe accordait sa confiance sont indignes de la nôtre. Qui a pu servir un roi, ne peut représenter un peuple libre. Tous ces dynastiques, soi-disant libéraux, ces conservateurs, ces satisfaits, qui l'étaient d'autant plus que le peuple l'était moins. S'ils osent se présenter à nous, ils doivent être accueillis par un mépris universel, leur candidature doit être considérée comme une raillerie envers la nation.

Le Moniteur, registre implacable où viennent s'inscrire tour à tour, sans acception de partis, les lâchetés des uns, les ridicules colères des autres, montre au grand jour ces membres de l'opposition, qui, sous le prétexte de défendre les intérêts du pays, ne marchaient en définitif qu'à l'assaut du ministère, n'ayant prévu ni désiré la Révolution. Quand le mouvement qu'ils avaient préparé se déroula devant eux dans toute sa puissance, ils reculèrent épouvantés. L'évènement dépassa leurs prévisions. Ils avaient rêvé la chute d'un ministère, et la monarchie, s'écroulant sur eux, les trouva repentants. C'est en vain qu'ils voulurent réparer leur faute. Il n'était plus temps !...

Les pâles sténographes du *Moniteur*, inflexibles machines, sans s'émouvoir de leurs débats, enregistrèrent leurs regrets, leurs impuissants efforts ; tandis que nos frères, sortis victorieux des Tuileries, emportaient triomphalement vers la Bastille ce trône déshonoré pour le brûler ignominieusement, ces débiles défenseurs du Vautrin découronné essayaient encore à placer sur la tête d'un enfant cette couronne que nous avons brisée sans retour.

Ainsi, les hommes qui ont eu peur de la Révolution ne peuvent être rassurés à ce point d'oser la regarder en face, et la guider dans des voies qu'ils ne veulent pas connaître, ayant employé leur existence politique à flétrir les saintes inspirations des fondateurs de la République.

Il faut à l'Assemblée nationale des hommes en rapport avec les principes, les besoins de l'ère nouvelle, qui, désormais, se fassent pardonner leur ambition à force d'être utiles.

Les fonctions, dans une République, ne donne ni gloire ni profit; elles imposent des tâches difficiles, et le seul éloge qu'on puisse faire d'un républicain, est celui-ci : Il est mort en combattant, ou il a réussi !..

Le peuple va choisir ses mandataires : il faut qu'il soit sévère et éclairé dans ses choix, qu'il n'oublie pas que des journalistes, des avocats, des médecins, des propriétaires sont insuffisants pour le représenter ; que le travailleur a conquis son droit de cité, qu'il ne doit pas, qu'il ne peut pas l'abdiquer, sous peine de mort.

Au premier rang de ses mandataires, il doit placer ceux qui ont souffert pour les principes républicains.

Les Barbès, les Blanqui, les Martin-Bernard, les Caussidière, les Sobrier, voilà des hommes qui ont donné des gages.

Malheureusement nous ne pouvons pas trouver, dans leurs rangs, des hommes célèbres, en assez grand nombre pour nous représenter. Il faut donc choisir en dehors d'eux pour les compléter.

Nous avons parmi ceux qui n'ont pas souffert, des hommes qui ont toujours défendu les principes. Des hommes, tels que Louis Blanc, Lamartine, Lamennais, Pierre Leroux, Ledru-Rollin, etc., etc.

Voilà de quoi trouver des génies propres à apaiser les scrupules de ceux qui craignent de voir le gouvernement de la République tomber au pouvoir de l'inintelligence.

Maintenant on pourrait, sans en redouter les conséquences, leur adjoindre des hommes nouveaux, parmi lesquels on en trouverait surtout capables d'aider à la solution des grandes questions qui nous agitent. Telles que l'organisation du travail.

Eux seuls peuvent et doivent désirer ardemment l'extinction de la misère, et la réhabilitation du travailleur.

Les hommes d'élite, parmi les détenus politiques et autres républicains éprouvés, n'ont pas, malgré tout leur mérite, connu assez à fond les misères de l'atelier ; ils sympathisent avec nos douleurs, mais ils ne les éprouvent pas ; il faut donc envoyer au sein de l'Assemblée nationale des ouvriers, des travailleurs, ces flétris, ces stigmatisés, ces parias de notre civilisation.

Ouvriers ! osez donc choisir dans votre sein une partie de vos mandataires ! Que ceux d'entre vous qui ont foi en leur intelligence se présentent, on n'a pas le droit d'être modeste en pareils moments.

A l'armée, au bruit du canon, au plus fort du danger, qu'un général demande trente hommes de bonne volonté pour marcher à une mort certaine, mille braves s'élanceront : on n'aura que l'embarras du choix.

Ici, il en est de même : nous trouverons peut-être la mort en marchant à la conquête de nos droits.

Il faut donc moins de science que de courage, moins d'éloquence que d'incorruptibilité ; puis, n'avez-vous pas pour vous conduire ces vieux vétérans de la liberté, chez qui vous trouverez l'éloquence et le savoir? les Raspail, les Béranger, les Lamennais, et mille autres.

Si les ouvriers ne pouvaient trouver parmi eux des hommes dignes de les représenter, je le dis avec douleur, il faudrait désespérer du salut de la République.

Mais je crois le contraire, sans vouloir flatter les travailleurs.

A Paris, par exemple, ils pourraient fournir leur contingent, et comme nous allons vivre davantage de la vie politique, et que surtout le travail tend à s'ennoblir chaque jour, on n'en rougira plus.

Écartez donc énergiquement de l'Assemblée les légitimistes, qui pensent que la misère est indispensable, et les satisfaits, qui proclamaient, par l'organe de leur digne chef (Guizot), qu'elle était un frein!...

Ils ont gouverné par des vices, c'est au peuple à se gouverner par ses vertus.

Pour se régénérer, le peuple ne doit, ne peut compter que sur lui-même; il devra simplifier le mécanisme du corps social en simplifiant la législation.

Que l'intelligence la plus étroite puisse, à l'avenir, embrasser d'un seul coup-d'œil, et cela jusque dans les plus petits détails, toute l'économie de nos lois.

Il ne faudra plus qu'un sens droit et simple pour tenir la place d'un législateur. Et comme notre éducation ne sera plus faussée par les préjugés de l'orgueil et de la fortune, nous pourrons accomplir l'union de la force et de l'intelligence.

Au frontispice de notre Code, nous graverons la fable de l'aveugle et du paralytique !...

Ce sera la charte définitive de l'humanité.

A la Bourgeoisie!

Il faut que vous vous exécutiez franche-
ment, sans arrière-pensée, sans cela ce
que vous avez pris pour une révolution
n'en serait tout au plus que le signal.

Quand les peuples commencent une révolution, ils ont presque toujours la bonté
de pardonner à leurs tyrans.

Mais quand la trahison se joint à la ré-
sistance, ils se dédommagent. Eh! qui pourrait les en blâmer !

Ainsi donc la bourgeoisie doit comprendre que la misère est sa plus grande enne-
mie. En torturant les masses, elle les pousse
dans des voies déplorables.

Maintenant, posons en principe que le sol français peut produire assez pour nourrir ses habitants ; et quand une portion de ses habitants souffre de la misère, vous en assumez la responsabilité.

Dans un état bien organisé, il ne doit y avoir personne qui souffre de la faim.

Mais, dira-t-on, on ne meurt jamais de faim. Je le veux bien, mais on meurt de ne pas assez manger. Consultez les médecins, visitez les hôpitaux, et vous serez convaincu de cette vérité aussi vieille que notre civilisation, que vous admirez tant.

Que demande le prolétaire ?

Le minimum.

Vous ne pouvez le lui refuser, sous peine de vous reconnaître incapable de régir les affaires de ce monde. Alors, il faut abdiquer ou remplir les conditions du programme.

La misère publique atteste depuis long-temps votre incapacité ou votre mauvais vouloir à guérir les blessures que la monarchie a faite, à la France, et votre impuissance à combler ce gouffre, qui nous engloutira péle-mêle, si nous n'y prenons garde.

Notre devoir est de sauver la patrie et de vous sauver vous-même.

Dans ce danger suprême, nous devons consulter nos forces, nous unir ; mais que les incapables, que nous avons vus à l'œuvre depuis soixante ans, se retirent, qu'ils cèdent la place à d'autres plus heureux ou mieux intentionnés, qui auront la conviction de réussir, et s'il le faut, le courage de mourir à l'œuvre.

Le médecin qui voit toutes les maladies incurables est au moins suspect d'ignorance.

Ceux qui prétendent gouverner le monde doivent justifier leur ambition par les résultats.

Si quelques-uns d'entre vous nous gouvernent encore, il faut qu'ils se fassent absoudre à force d'être utiles.

Maintenant , nous vous adjurons de ne pas essayer de gouverner le pays sans le concours de ceux dont jusqu'ici vous avez été les maîtres, et dont désormais vous ne devez être que les égaux.

Il y aurait à la fois injustice et ineptie de votre part à ne pas reconnaître que l'élé-ment nouveau, l'élément démocratique, les travailleurs enfin, doivent être la majorité dans l'Assemblée nationale, puisqu'ils sont la majorité partout ailleurs.

Si l'Assemblée ne se compose que de bourgeois, elle n'aura jamais la confiance ; et fût-elle encore plus démocratique que le peuple, elle ne pourra terminer l'œuvre pour laquelle nous sommes tous debout.

Des journaux ont prétendu que la Convention nationale pouvait mettre en cause la République ; si cela était, l'Assemblée serait considérée, non comme le produit pur du suffrage universel, mais comme le produit de l'intrigue et de la corruption. Le peuple ne lui accorderait jamais sa confiance; elle trouverait un obstacle à chacun de ses pas, jusqu'à ce qu'elle tombe sous le poids du mépris public.

Ainsi donc, hommes de la bourgeoisie, nous vous le disons, nous voulons votre salut aussi bien que le nôtre. Nous nous devons des concessions mutuelles... Vous devez renoncer à votre omnipotence, sous peine de soulever contre vous la défiance gérérale. Et en retour de cette tardive abdication, nous vous ouvrirons nos rangs : vous serez les bienvenus dans ce banquet réconciliatoire des intérêts jusqu'alors hostiles. Vous devez donc comprendre qu'il n'y a pas de trève possible entre le capital et le travail, tant que leurs intérêts différents ne seront pas sauvegardés par une convention définitive, et cette convention ne peut se débattre qu'entre les représentants du capital et du travail.

Nous ne voulons plus de chartes octroyées ; il nous les faut consenties et acceptées.

Vous devez comprendre que nous n'accepterions pas une constitution où tous nos droits ne seraient pas définis et reconnus, où vous seriez parvenus à tuer l'esprit public, après avoir été ses bourreaux; vous seriez infailliblement, tôt ou tard, ses victimes.

Nous voulons éviter d'en venir à de pareilles extrémités, pour ne plus maculer les feuillets de notre histoire avec des taches de sang.

TEL EST LE VŒU DU PEUPLE !

BRUCKER , GRATIEN,
du club de la Sorbonne.